Bodo West

Da lacht die Supervisandin und der Supervisor wundert sich

Bodo West

Da lacht die Supervisandin und der Supervisor wundert sich

Witze als Instrument für Impulse und KrisenInterventionen in Supervisionsprozessen

Trainerverlag

Imprint

Any brand names and product names mentioned in this book are subject to trademark, brand or patent protection and are trademarks or registered trademarks of their respective holders. The use of brand names, product names, common names, trade names, product descriptions etc. even without a particular marking in this work is in no way to be construed to mean that such names may be regarded as unrestricted in respect of trademark and brand protection legislation and could thus be used by anyone.

Cover image: www.ingimage.com

Publisher:
Der Trainerverlag
is a trademark of
Dodo Books Indian Ocean Ltd. and OmniScriptum S.R.L publishing group

120 High Road, East Finchley, London, N2 9ED, United Kingdom
Str. Armeneasca 28/1, office 1, Chisinau MD-2012, Republic of Moldova, Europe
Managing Directors: Ieva Konstantinova, Victoria Ursu
info@omniscriptum.com

Printed at: see last page
ISBN: 978-620-8-87534-3

Copyright © Bodo West
Copyright © 2025 Dodo Books Indian Ocean Ltd. and OmniScriptum S.R.L publishing group

**Da lacht die Supervisandin
und der Supervisor wundert sich**

Witze als Instrument für Impulse und
Interventionen in Supervisionsprozessen

Selbsthilfegruppe für Individualisten.

Inhaltsverzeichnis

Vorwort 5
Die ersten Schritte: 7
2. Lexikonteil: Erfahrungen aus eigenen
Supervisionen 25
3. Einsatz von Witzen in der Supervision 41
Die Quelle 111
Schlusswort 112

Humor in der Supervision für praktizierende und angehende Supervisoren

Vorwort

Humor haben nicht selten die Menschen, die eigentlich nichts zu lachen haben. (Gerhard Uhlenbruck). Umgekehrt formuliert setzt das voraus, dass diese Menschen für Humor besonders offen und ansprechbar sind. Wenn Supervision die Kunst ist, Menschen in schwierigen Situationen, in Such- und Orientierungsphasen oder bei Entscheidungen kompetent zu begleiten, dann bietet sich für diesen Weg gerade der Humor an. Für den Supervisor bietet er eine Brücke über den schwierigen Grad an, die es zu begehen gilt, wenn diese Menschen auf ihn zukommen. Die folgende Studie möchte untersuchen, in wie weit Witze geeignet sind, im supervisorischen Prozess dabei Unterstützung und Hilfe zu bieten. Ich stütze mich auf eine lebenslange Sammlung von Lieblingswitzen, die ich dafür zusammengetragen habe und für meine Arbeit als nützlich ansehe. Meine eigenen Erfahrungen dazu habe ich im lexikalischen Teil aufgereiht und dort begründet. Als Senior, der ich auf einen großen Teil meines Lebens zurückschauen kann, interessiert es mich natürlich, wie es „danach" weitergeht. Dazu folgender Witz, der aus der Position des Betroffenen formuliert ist:

Nach langer, segenreicher Tätigkeit stirbt ein Supervisor und kommt, wie nicht anders zu erwarten in den Himmel. Petrus zeigt ihm alle prunkvollen Gemächer, die es dort gibt, rauschende Meeresbuchten mit verführerischen Frauen, gemütliche Gaststätten mit himmlischer Begleitmusik, blühende Gärten mit Ruheinseln. Der Verstorbene unterzieht sich einer Motivklärung, doch er kommt damit nicht weiter. Der Apostelfürst schlägt ihm noch eine andere Möglichkeit vor. Er zeigt ihm ein fest umrandetes Gebäude, das durch hohe Wände nach außen

abgeschlossen ist. Niemand geht hinein oder kommt heraus. Neugierig blickt der Verstorbene in die Halle und sieht dort viele bekannte verstorbene Kolleginnen und Kollegen im Kreis sitzen und hört, wie sie vehement über methodische Probleme diskutieren. Verstört fragt er Petrus, was das zu bedeuten habe. Der Himmelspförtner antwortet: „Wir haben ihnen allen das andere angeboten, aber sie wollten es so."

Das Tun eines Supervisors geht also über den Tod hinaus und seine Identifikation mit seinem Beruf hört nie auf. Das kann ja heiter werden!

Die ersten Schritte

1. <u>Was ist ein Supervisor? Einer, der den Prozess leitet oder einer der vom Prozess geleitet wird?</u>

Eines ergibt das andere, wenn beide sinnvoll zusammenarbeiten:

Zwei Supervisoren treffen sich nach Feierabend in der Kneipe und kommen miteinander ins Gespräch. Der ältere, ein gesetzter Herr hat schon viele Prozesse begleitet; der jüngere, ein Berufsanfänger will wissen: „Wie ist es den ganzen Tag nur anderen Leuten und ihren Problemen zuzuhören, das stelle ich mir sehr anstrengend vor!". „Ach wissen Sie", sagt der ältere, „wer hört schon noch zu?"

2. <u>Was ist Supervision?</u>

Nicht unbedingt das, was wir erwarten. Zwei oder mehrere versuchen miteinander klar zu kommen. Nicht immer gelingt das. Das Thema entscheidet über den Lernfortschritt.

Ein Mann kommt in die Augenarztpraxis und will sich eine Brille verschreiben lassen. Beim Sehtest stellt der Arzt fest, dass der Patient weder die Tafel noch die Buchstaben erkennen kann. Er sagt

zu ihm: „Sie brauchen keine Brille, sondern einen Blindenhund!". Der Patient antwortet:" „Was soll ich denn mit einem blinden Hund?"

3. <u>Wer arbeitet wie und mit wem zusammen?</u>

Die Kontrahenten arbeiten, wenn es geht friedlich; wenn nicht, können auch mal die Fetzen fliegen. Am Ende entscheidet sich, wer der Stärkere ist und wer die besseren Nerven hat.

Ein Mann in der Supervision: „Herr Meier, ich glaube, ich bin ein Auto. Brumm, brumm, brumm." Der Supervisor: „Machen Sie das noch mal". „Brumm, brumm, brumm." „Ich glaube, ihr Vergaser ist verstopft."

Schließlich geht es auch um's liebe Geld, das eine nicht ganz unbedeutende Rolle spielt. Das erklärt der folgende Witz:

Zwei Supervisoren unterhalten sich über einen ihrer Klienten: „Du, ich habe jetzt einen Schizophrenen in Behandlung." Der andere ist entsetzt: „Wie kannst du nur den behandeln, der gehört doch in eine Therapie!" „Das habe ich auch gedacht, aber er wollte seine Probleme lieber mit einem Supervisoren besprechen." „Da hast du dir aber eine Heidenarbeit aufgeladen", erwidert der andere. „Das schon, aber das Gute ist, beide bezahlen."

4. <u>Was ist eine Supervisandin?</u>

Da streiten sich die Gelehrten. Versuche daraus eine, die zu supervidieren ist bzw. eine zu supervidierende werden von der DGSV nicht voll anerkannt. Dort erwartet man einen höheren Standard. Wir setzen voraus, dass die Klientin freiwillig kommt oder mit starkem Leidensdruck erscheint. Daraus entsteht ein Prozess (siehe 1) und eine finanzielle Grundlage für den Supervisoren, die am Ende über Wohl und Wehe der beiden entscheidet:

Eine Frau kommt in Supervision, weil sie mit Ihrer Chefin Probleme hat. Nach einigen Sitzungen bricht sie die Supervision ab. Bei einem zufälligen Treffen mit dem Supervisor auf der Straße entwickelt sich folgender Dialog: Supervisor (süffisant): „Na, wie geht es denn mit Ihrer Chefin?" Frau: „Danke der Nachfrage, ausgezeichnet!" Supervisor(frustriert): „Aber Sie haben doch die Supervision bei mir abgebrochen!" Frau: „Das ist leicht zu erklären: Ich habe ihr all die schwierigen Fragen gestellt, mit denen Sie mich gequält haben. Jetzt geht sie mir aus dem Weg und ich habe meine Ruhe!"

5. <u>Humor und Therapie – Welche Rolle können Witze in der Supervision spielen?</u>
- **Bedeutung von Humor in der Therapie**

Beide scheinen sich zunächst auszuschließen, da ein therapeutischer Prozess in der Regel eine ernste Sache ist. In emotionaler Hinsicht vermag aber eine komische Hinwendung zum Klienten eine Angstsituation aufzuheben oder sogar aufzulösen. In kognitiver Form vermag der Humor eine Bewusstseinsänderung einzuleiten, die dann zum Erfolg führt, wenn der Klient den Sinn der Einlage versteht und für sich nutzbar machen kann. Kommunikativ wirkt der Humor, wenn sein Inhalt den Betroffenen dazu verleitet, von sich aus auf den Humorzug aufzuspringen und eventuell einen eigenen Witz dazu weiß und erzählen kann.

Im Aufenthaltsraum einer Anstalt sitzen die Irren im Kreis herum, es herrscht Stille. Plötzlich sagt einer „10!" Lachen. Dann wieder Stille, bis ein anderer „17" sagt. Brüllendes Gelächter, von dem sich einige gar nicht beruhigen können. „21!", wieder Gelächter. Ein neu eingelieferter Irrer erkundigt sich schüchtern nach der Ursache des

Lachens. „Wir erzählen Witze" wird ihm zur Antwort gegeben. Er hat sich gemerkt, dass bei Nr. 17 am meisten gelacht wurde, und, um sich einzuführen, gibt er bei günstiger Gelegenheit Nr. 17 zum Besten.

„17!"

„17!"

„17?

„Warum lacht ihr denn nicht?"

„Es kommt eben darauf an, wie man den Witz erzählt."

- Wann können Witze einen Supervisions-prozess auflockern?

In supervisorischen Interventionen kommt es darauf an, eine bestimmte Situation so anzugehen, dass der Supervisand über seinen Schatten springen kann. Dafür sind Witze dann geeignet, wenn sie kurz sind, eine veränderte Auffassung deutlich machen und durch diesen Positionswechsel (Pointe) die Einsicht vermitteln, dass das Urteil über einen Sachverhalt nicht zwingend einer einzigen Auffassung unterworfen ist. Sie helfen besonders dann, wenn eine Lähmung im Interaktionsprozess auftritt und eine „normale" Intervention nicht weiterführt. Sie sind kreative Möglichkeiten, das eigene Verhalten in Frage zu stellen und zu verändern. Die Katharsis ereignet sich, wenn die Pointe sitzt, emotional verstanden wird und eine neue Ebene schafft, in der die zurückliegende Depression aufgefangen und erhellt werden kann.

- **Sind Witze eine Form der provokativen Therapie im Sinne Farrellys?**
- **Kritik an der Methode der provokativen Therapie**

Zunächst besteht eine Übereinstimmung darin, dass das selbstschädigende Verhalten des Supervisanden humorvoll aufgelöst und dem Betreffenden eine Einsicht in sein Verhalten ermöglicht wird. Der Witz löst eine beklemmende Situation auf, nimmt die Angst und hilft, das „eingeübte" Verhalten zu verändern. Entscheidend ist dabei, dass die humorvolle Intervention an richtiger Stelle erfolgt.

Der entscheidende Unterschied liegt aber im Vorgehen des Supervisors. Während der provokative Therapeut mit teilweise drastischen Mitteln versucht, das Fehlverhalten zu karikieren und den Patienten zum Widerspruch reizt, setzt der Supervisor innerhalb seiner unterschiedlichen Möglichkeiten den Witz als Katalysator ein, ohne in die Gefahr zu geraten, den Supervisanden zu verunsichern oder gar zu verletzen. Außerdem unterbleibt durch die kurze und prägnante Intervention eine lange und dominante Indoktrinierung des Hilfesuchenden. Er behält immer die Sicherheit, einen Witz auch ablehnen zu können, wenn dieser in seiner Struktur der Befindlichkeit des Supervisanden missfällt oder die Pointe nicht oder missversteht. Der folgende Witz kann in einer solchen Situation eingesetzt werden:

Wenn man einem norddeutschen Menschen einen Witz erzählt, lacht er drei Mal. Einmal, wenn er ihn hört, ein zweites Mal, wenn man ihn erklärt und ein drittes Mal, wenn er ihn verstanden hat. Der Süddeutsche lacht zwei Mal: wenn er ihn hört, wenn man ihn erklärt, verstehen wird er ihn sowieso nicht; Gefährlich wird es, wenn man einem Berner am Samstagabend einen Witz erzählt; er lacht am Sonntag, während der Predigt in der Kirche.

- **Warum gerade Witze?**

Witze sind durch die Pointe vergeistigte Komik. (Winfried Ulrich) Eine Situation oder Handlung bewirkt beim Betrachter oder Hörer durch ihre Wirkung ein Lachen, das verstärkt wird, wenn es sich um Situationskomik handelt: „Selbstvertrauen ist nicht komisch; Stolpern ist nicht komisch, nur beides zusammen", folgert Max Frisch und beschreibt damit den Vorgang meisterhaft. Die Komik verhilft dazu, eine zunächst als schwierig und unlösbar erlebte Situation durch geistige Wendung in ihr Gegenteil zu verkehren.

Ein weiterer Aspekt liegt auf der Beziehungsebene. Ein Witz, folgert Ulrich, lebt von der Beziehung zwischen Erzähler und Hörer. Niemand macht einen Witz für sich allein. Gerade in Supervisionsprozessen, in denen es um eine Beziehung zwischen den beiden Beteiligten geht, spielt dieser Aspekt eine wichtige Rolle; der Witz als solcher ist beziehungsfördernd und hilft innerliche Barrieren sichtbar zu machen und diese aufzuweichen.

Gemeinschaftsbildende Kraft liegt im Mitlachen; wenn dieses ausbleibt, schließt sie den Klienten aus. Schwierig wird es, wenn ein Klient zwar über andere, aber nicht über sich selbst lachen kann. Die dadurch entstehende Aggression muss dann bearbeitet werden, bevor sie zerstörend wirkt.

Welche Bedeutung ist wichtig? „Ein Witz ist ein kurzer, selbständiger, fiktionaler und komisch pointierter Prosatext." (Peter Köhler) Philologisch betrachtet ist er eine selbständige Gattung; er stimmt den Hörer darauf ein, das was folgt nicht für bare Münze zu nehmen. Deshalb funktioniert er nur, wenn man ihn nicht als pure Tatsache nimmt. Eine fiktive Geschichte gibt Raum für eigene Intuitionen und lässt der Phantasie freies Spiel. Die Pointe bringt dann in der Regel eine überraschende Wendung, die im Supervisionsprozess von großem Nutzen sein kann. Sie baut ein Erwartungsschema auf und bezieht den Zuhörer in die fiktive Geschichte mit ein, so dass er selbst Annahmen darüber machen kann, was folgen könnte. „Durch Witz kann man mit leichter Mühe mehr Wahrheiten finden, als durch langwieriges Nachdenken." (Carl Friedrich Flögel) Sind Witze deshalb die bessere Medizin? Welche Rolle spielen sie für die Psyche?

Witze tarnen Aggression, sie enthalten Normverstöße, die angstbewehrt sind, aber die bewusste, logische und analytische Gedankenarbeit umgehen; sie verwandeln Angst in Lust. Dadurch eignen sie sich für spezielle Themen in der Supervision z.B. Konfliktarbeit, Identitätsprobleme, Berufsprobleme etc. Diese werden durch die überraschende Pointe nicht aufgedeckt, sondern verhüllt und führen wegen der bestehenden Konflikte psychische Energie nicht sofort ab, sondern verstärken sie. An dieser Stelle kann Supervision damit arbeiten: Der Witz als Interventionsinstrument sorgt dafür, dass diese einsichtig und verfügbar werden.

Der Witz als Instrument der Intervention verhilft also zum Kern einer Sache vorzustoßen. Wie unterscheidet sich diese Form der Intervention von anderen Mechanismen? (z.B.paradoxe Intervention.)

Die paradoxe Intervention regt den Klienten zum gegenteiligen Handeln dessen an, was sie in

Wirklichkeit vorgibt. Ziel ist es, ihn gegen die Ordnung oder die Regel aufzubringen, ihm einen Weg zu zeigen, wie er aus den gewohnten Ordnungsvorschriften ausbrechen kann und dann abzuwarten, bis ihn die Regelwidrigkeit ermüdet und er in der Ordnung einen neuen Sinn erkennen kann. Paradoxe Interventionen müssen in aller Ernsthaftigkeit vorgetragen werden und sind auf Anhieb nicht durchschaubar. Sie erwarten Erstaunen und Gegenwehr. (Was wird meine Frau dazu sagen?).

Witze als Intervention können in der Pointe das Gegenteil einer Handlung anregen, sie können aber auch direkt zum Ziel führen, indem sie eine Ordnung besonders herausstellen und sie ins Komische ziehen. Der Klient erkennt dann plötzlich, worauf es ankommt, wenn er sein Anliegen mit der komischen Situation vergleicht (z.B. Ratten verlassen das sinkende Schiff) und vom Supervisor auf eine mögliche Lösung hingewiesen wird. Witze sind von

Hause aus humorvoll und durchschaubar; sie ermöglichen dem Klienten ohne Gegenwehr darüber zu lachen. Der Witz beinhaltet esprit und ermöglicht sich geistvoll mit seinem Anliegen auseinanderzusetzen, um der Ordnung auf die Spur zu kommen, sie auch zu hinterfragen oder abzulehnen Der eigentliche Sinn der Intervention ist, dem Klienten eine pointierte Wendung seiner Thematik zu ermöglichen und eine Vorstellung über die witzige Bewältigung und ihre Lösung zu vermitteln.

6. <u>Methodisches Vorgehen</u>

Witze erzählen ist eine Kunst. Die kommunikativen Regeln, wie und wann erzählt werden soll, sind an Verhaltensweisen gebunden, die vom Supervisoren ein überlegtes Verhalten erwarten. Niemals sollte ein Witz vom Blatt abgelesen oder einfach runtergeleiert werden. Noch entscheidender ist, dass das Lachen dem Klienten gehört, also nicht vom Erzähler vorweggenommen werden darf. Die Pointe muss sitzen, d.h., sie kann auch ein wenig hinausgezögert oder gezielt eingesetzt werden. Und sie muss in den Kontext passen. Es kann nicht angehen, einen Witz um des Witzes willen zu erzählen. Nicht jede Sitzung in der Supervision muss mit Witzen gespickt werden. Die Befindlichkeit des Supervisanden ist entscheidend für den Einsatz und es bedarf einer Prüfung, ob diese jetzt gerade einen Witz zulässt. Ein gemeinsames Lachen zeigt, dass der Witz gelungen ist und die betreffende Situation auflösen kann. Wenn dies nicht geschieht, ist es hilfreich, an der Stelle anzusetzen, an der der Witz misslang. Dabei geht es nicht um eine nachträgliche Interpretation, sondern um eine Klärung der Situation des Supervisanden. Wie gut ein Supervisor seinen Klienten kennt, zeigt sich im Erfolg des Witzeerzählens. Die folgenden Vorschläge im Lexikonteil sind Anregungen, bei den entsprechenden Themen, die sich in einem Prozess ereignen können, mit Witzen zu arbeiten. Sie erwarten keinesfalls ein sklavische Übernahme der Artikel, sondern sie wollen den Benutzer zu einer eigenen, kreativen Vorgehensweise ermuntern. Die Arbeit mit Witzen in der Supervision beginnt dort, wo die herkömmlichen Mittel nicht mehr weiterhelfen. Sie unterbrechen den gerade ablaufenden Prozess und geben dem Supervisor durch Intervention die Möglichkeit zu einer Veränderung der Blickrichtung. Am meisten geeignet sind kurze Sequenzen, die in ihrer Form und ihrem Inhalt eindeutig sind. Oft reicht es aus, wenn die Pointe ins Schwarze trifft; schwieriger wird es, wenn der Witz eine Erklärung erfordert. Dann wird der Effekt des Ganzen leicht zerredet. Eine weitere Maßnahme ist, den Klienten zu fragen, ob er einen Witz dazu hören will. Nicht alle Menschen lieben Witze. Humorlose Menschen, die eine ernsthafte Arbeit wünschen, können damit leicht in den Widerstand gebracht werden. Die Arbeit mit Witzen muss deshalb bereits Teil und Inhalt des Vorgesprächs sein. Der Supervisor wird dadurch in seiner Arbeit entlastet und hat die Möglichkeit, den Supervisanden von der Effektivität des Witzeerzählens zu überzeugen. Humorvolle Arbeit wird dann Bestandteil des Vertrages, der zwischen den Partnern in der Supervision abgeschlossen wird.

Ein Mann kommt nach Feierabend im Hotel an die Bar und trifft dort eine attraktive Frau. Die nimmt ihn ins Visier und fragt ihn: „Sie schauen dauernd auf ihre Uhr, warten Sie hier auf ihre Freundin?" „Nein", sagt der Mann, „dies ist eine besondere Uhr, sie kann in die Zukunft sehen". Die Frau schaut skeptisch und sagt: „Und was sieht Ihre Uhr?". „Sie sieht, dass Sie kein Höschen anhaben." Die Frau triumphiert: „Ha, jetzt haben Sie sich aber getäuscht; Ihre tolle Uhr ist kaputt, ich trage gerade ein Höschen." „Meine Uhr funktioniert hervorragend, sie geht nur eine Stunde vor," antwortet der Mann.

2. Lexikonteil: Erfahrungen aus eigenen Supervisionen

Aus dem Vorwort wird deutlich, welche Möglichkeit in der Arbeit mit Witzen besteht. Die folgenden Themen sind Bereiche, mit denen ich in Supervisionen immer wieder konfrontiert wurde. Sie erheben keinen Anspruch auf Vollständigkeit. Die Summe von Witzen ist mittlerweile so stark angestiegen, dass es Sinn macht, in eigenen Bereichen nach passenden humorvollen Wegen zu suchen. Wer damit gute Erfahrungen macht, kann seinen Klienten aber auch sich selbst eine positive Unterstützung ermöglichen.

Im folgenden Teil arbeite ich mit verschiedenen Arten von Witzen:

- dem erzählenden Witz
- dem Bildwitz ohne oder mit erklärenden Worten

- dem aphoristischen Witz, der sich in kurzen Sentenzen zu einem Thema einsetzen lässt und für entsprechende Interventionen verfügbar sein kann.

Zum besseren Verständnis einzelner Sequenzen, füge ich Teile meiner Protokolle von Supervisionsstunden ein. Sie sind von mir ohne Namensnennung oder Rückschlüsse auf die bestimmten Personen wiedergegeben und werden von mir in rein anonymisierter Form weitergegeben.

A   Ablehnung

Ablehnung ist eine in der Kindheit erfahrene Reaktion, die Menschen ein Leben lang begleiten kann. In der Supervision erscheint sie häufig in beruflichen Zusammenhängen, durch Vorgesetzte oder Kollegen. Diesem heftigen Gefühl voraus geht eine Reaktion, die sich in den Verhaltensmustern von Enttäuschung, Rache oder gekränktem Selbstwert äußert und vom Supervisor möglichst rasch beendet werden soll. Ohne eine gründliche Aufarbeitung der Ursachen kann auch eine noch so gut aufgebaute Beratung nicht auskommen.

Ein Patient kommt zum Arzt und klagt, dass er immer wieder übersehen wird und niemand mit ihm sprechen will. Der Arzt: „Der Nächste bitte"!

Dieses krasse Beispiel erschwert eine weitere Bearbeitung. Nur eine fundamentale Arbeit am Selbstbewusstsein wird erfolgreich sein. Eine gelungene Möglichkeit, mit Ablehnung umzugehen ‚zeigt die folgende Begebenheit:

Manager-Seminar mit 30 Teilnehmern aus der mittleren Führungsebene. Treffen im Tagungshotel am letzten Tag. Der Seminarleiter spricht: „Meine Damen und Herrn, zum Schluss wollen wir ein wenig Allgemeinbildung betreiben. Mal sehen, was sie so drauf haben. Also- ich nenne ein klassisches Zitat, Sie sagen mir, wer es gesagt hat, wo und wann." Er beginnt: „Vom Eise befreit sind Strom und Bäche…" Keiner weiß es. Da meldet sich der Japaner Hashimoto: „Johann Wolfgang von Goethe, Faust, Osterspaziergang, 1806!" Die Teilnehmer murmeln anerkennend. Nächste Frage: „Der Mond ist aufgegangen, die goldnen Sternlein prangen…" Und wieder, wie aus der Pistole geschossen der Japaner: „Matthias Claudius, Abendlied, 1779!" Die Manager schauen peinlich berührt zu Boden. Der Seminarleiter: „Fest gemauert in der Erden……" „Schiller", strahlt Hashimoto, „das Lied von der Glocke, 1799!" Jetzt finden es die Manager langsam ärgerlich. Murmelt einer in der ersten Reihe: „Scheißjapaner!" Wieder ertönt die Stimme von hinten: „Max Grundig, Computermesse CeBIT, 1982!"

Möglichkeiten in der Supervision:

- Arbeit am Denken, das sich davon absetzt, dass alle anderen so denken, wie ich. Methodisch geeignet sind Gruppenbegegnungen oder Übernahme von Gegenrollen.

- Stützung des Selbstwerts durch methodisches (sozialtherapeutisches) Rollenspiel, das sich vom Denken anderer in die eigene Position versetzt.
- Testen von eigenen Reaktionen auf dieses Rollenbild mittels Gruppeneinfühlung oder Identifikationsfeedback.

Abstand

Tünnes und Schäl begegnen sich auf er Straße. Schäl: „Wie geht es dir?" Tünnes: „So gut wie jetzt ging es mir noch nie; jeden Abend genieße ich drei Stunden mit unserem Fernseher." „Was, du sitzt geschlagene drei Stunden vor der blöden Flimmerkiste?", fragt Schäl. „Ich nicht", sagt Tünnes, „aber meine Frau!"

Abstand (Distanz) zu halten ist ein wichtiges Anliegen in der Supervision. Besonders Sozialarbeiter tragen diesen als Anliegen vor. Geht es dort um den notwendigen Abstand gegenüber den eigenen Klienten oder Vorgesetzten, finden Angehörige aus pädagogischen Berufsgruppen einen Abstand der eigenen Person vorrangig, wenn es um den Schutz der Würde oder des eigenen Selbstverständnisses geht. Der obige Witz zeigt, wie die notwendige Distanz in persönlichen Beziehungen durch ein Medium wiederhergestellt werden kann. Für eine festgefahrene Beziehung ist dieses hilfreich und löst die verkrusteten Verbindungen für eine bestimmte Zeit auf. Die angebotene Lösung ist dabei nicht besonders originell.

Möglichkeiten in der Supervision:

- Einfühlung in die gegebene Situation, die Abstand verhindert und eine Lösung erfordert.
- Arbeit mit Skulpturen oder gestellten Bildern, die eine emotionale Erfahrung der Distanz

ermöglichen und dem Problemsteller eine Hilfe bei der Bewältigung ermöglichen.

- Mit Abstand umgehen, heißt eine gezielte Vorgehensweise anstreben, die klar und deutlich macht, wie und wo ich mir den Abstand wünsche.

Um diese Klarheit bemüht sich (vergeblich) der folgende Witz:

Der Chef gibt der neuen Sekretärin eine Instruktionsliste, die sie genau studieren soll. Sie hat die Liste noch nicht auswendig gelernt, da kommt der erste Besucher und will zum Chef. Die Sekretärin schaut in ihre Instruktionen und sagt: „Wollen Sie Geld für einen wohltätigen Zweck oder sind Sie Handelsreisender oder ein Freund vom Chef?"

Der Besucher, in Wirklichkeit ein Schnorrer, zögert ein wenig und erklärt schließlich: „Ich bin ein bisschen von allen dreien."

Die Sekretärin vertieft sich in ihre Liste. Dann sagt sie: „Der Chef ist verreist. Der Chef ist auf einer Geschäftskonferenz und nicht zu sprechen. Der Chef freut sich auf ihren Besuch und bittet Sie, einzutreten."

Aggression

Kommt in der Supervision in zwei Formen vor. Die erste umschreibt sich besser mit Vermeidung der Aggression. Die zweite betrifft Menschen, die in beruflichen wie privaten Situationen von verdeckt aggressiv reagierenden Menschen verunsichert werden und dadurch in Konflikt mit ihren Vorgesetzten und Kollegen kommen.

Aggressionsvermeidung:

Es gab einmal einen Dirigenten, der machte beim Dirigieren große, wilde Bewegungen. So kam es, dass er eines Abends mit einer besonders energischen Bewegung dem Solobratscher mit seinem Stab ein

Auge ausstach. Der Solobratscher schnaubte den Dirigenten daraufhin erbost an: „Wenn Sie das noch einmal machen, schaue ich Sie nie wieder an!"

Diese Haltung dem Aggressor gegenüber zeigt die Hilflosigkeit des Getroffenen in besonderem Maße. In den Konflikt treten würde voraussetzten, dass der Betroffene seine Hemmung überwindet und dem Dirigenten die nötige Abfuhr erteilt. Aufgabe des Supervisors ist es herauszubekommen, wo die Ursache der Hemmung liegt: in der Erziehung, im persönlichen Unvermögen, in erlerntem Verhalten gegenüber Vorgesetzten. Der Witz macht in besonderer Dramatik deutlich, wohin es führt, wenn der Schwerverletzte abwartet, bis die Tat ein zweites Mal erfolgt.

Möglichkeiten in der Supervision:

- Die Analyse erfolgt auf Grund einer persönlichen Anamnese der Herkunft der Aggressionshemmung.
- Arbeit mit Märchen (z.B. die Bremer Stadtmusikanten), in der eine Überlebensstrategie aufgezeigt wird, die gezielt eingesetzt wird und die das Haus besetzenden Räuber in die Flucht schlägt.
- Verhaltenstherapeutische Unterstützung mit aggressionsfördernden Maßnahmen, die dem Hilfesuchenden die Möglichkeit gibt, seine Form der Aggression zu finden.

Verdeckte Aggression:

Der aggressive Mensch leidet oft unter seinen Gewaltausbrüchen und findet damit wenig Anerkennung innerhalb seines Beziehungsfeldes. Aggression wird häufig verdeckt, weil der Betroffene sie nicht offen lebt und dabei seine „Schwäche" nicht zugeben will. Ein eher angepasstes Verhalten, das nicht bis zuletzt durchgehalten werden kann ist die Folge. Umgekehrt läuft das Opfer des Aggressors in die Mitleidsfalle und will dem Hilfeersuchen voll entsprechen. Der folgende Witz aus dem Bereich der Psychiatrie macht dies deutlich:

Eine junge Medizinstudentin besucht eine Heilanstalt. Ein Mann spricht sie im Garten an: „Ach, können Sie mir nicht helfen? Ich bin ganz gesund und unschuldig. Das dürfen Sie mir glauben!" Der arme Patient legt die Hand aufs Herz und zwei dicke Tränen quellen aus seinen Augen. Die junge Frau ist erschüttert. „Ja- und was das schlimmste ist", fährt der Mann mit weinerlicher Stimme fort, „meine Frau, das Aas, hat mich hier reinbringen lassen, nur dass sie mich los wird."- „Das ist ja schrecklich!", entfährt es der Studentin. – „Helfen sie mir, Sie sind gut, das sehe ich – bringen Sie den Brief da mit raus und geben Sie ihn auf!" – Die junge Frau verspricht in überquellendem Mitleid, dem armen Mann zu helfen und sie nimmt den Brief an sich. Als sie sich zum Gehen wendet, erhält sie einen fürchterlichen Tritt in die Sitzfläche; tief erschrocken und empört dreht sie sich um. – Da steht lächelnd der arme Unschuldige, erhebt den Finger und meint: „Aber nicht vergessen, Fräuleinchen!"

Möglichkeiten in der Supervision:

- Arbeit am Mitleid und „Verständnis" gegenüber Menschen mit verdeckter Aggression
- Hilfen bei Mobbing durch Vorgesetzte und Kollegen
- Aufarbeitung aggressiver Verletzungen durch methodisches Rollenspiel

Angst

Eine Klientin berichtet während der Supervision von ihrer Firma, die in nächster Zeit von Insolvenz bedroht ist. Während ihr Geschäftspartner der drohenden Zukunft eher gelassen entgegensieht und davon überzeugt ist, durch diese Maßnahme die Firma zu retten, bricht die Supervisandin in Tränen aus, wenn sie über die Zukunft nachdenkt. Ihre Angst vor dem Verlust des Familienbesitzes ist deutlich spürbar.

Nach einer längeren Unterhaltung darüber, lege ich ihr als Impuls das folgende Bild vor:

Bild: Die Ratten verlassen das (sinkende) Schiff; der Kapitän weist sie zurück

Klientin (K): (lacht) Ja, das ist genau die Situation! Mein Kollege will die Ratten einfach zurückschicken und glaubt, dass damit das Problem gelöst ist. Ich stehe dabei und schaue zu.

Supervisor (S): Wie finden Sie denn die Lösung des Kapitäns, die Ratten einfach wieder auf das Schiff zurückzuschicken?

K: Wie soll das gehen? Wenn die Ratten spüren, dass das Schiff untergeht, kehren die doch nicht einfach um!

S: Was wäre denn, wenn die Ratten zurückgingen?

K: Das kann ich mir nicht vorstellen.

S: Wollen Sie damit sagen, dass Ihr Partner eine völlig unrealistische Haltung gegenüber dem Problem einnimmt?

K: Ja, so sehe ich das.

S: Welche Haltung nehmen Sie denn ein?

K: Eine zuschauende.

S: Wenn Ihnen so an der Erhaltung der Firma gelegen ist, warum schauen Sie dann nur zu?

K: Weil ich die Hoffnung längst aufgegeben habe, dass sich noch etwas ändern lässt.

S: Sie überlassen ihre Firma also dem Untergang?

K: Was kann ich denn jetzt noch tun?

S: Schauen sie noch einmal auf das Bild. Was fällt Ihnen an dem Schiff auf?

K: Es liegt noch fest vertäut im Hafen.

S: Welche Möglichkeiten bieten sich denn dann noch an?

K: Man könnte es wieder seetüchtig machen, bevor es untergeht.

S: Und wie könnte das gehen?

K: Vielleicht ist die Idee meines Partners gar nicht so schlecht, mit Hilfe der Insolvenz wieder auf die Beine zu kommen und die Firma zu retten.

S: Vielleicht kommen die Ratten dann wieder zurück, wenn das Schiff wieder einen festen Halt bietet.

K: (lacht): Das wäre nicht das Schlechteste.

3. Einsatz von Witzen in der Supervision

Umgang mit Begriffen, die in Prozessen vorkommen:

A   Arbeit

Welches ist das größte Kompliment für eine schwäbische Hausfrau? …… „Du siescht so abgschafft aus!"

Während der Watergate Affäre verkriecht sich Präsident Nixon immer mehr in seinem Arbeitszimmer und vernachlässigt fortlaufend seine Frau. Diese sucht Rat bei ihrem Therapeuten und er schlägt ihr vor, sich in Reizwäsche zu zeigen, wenn der unglückliche Mann nach Hause kommt. Sie findet eine raffinierte Lösung: Einen schwarzen BH zieht sie so an, dass er quer über ihren Bauch gelegt wird und eine Brust dabei frei lässt.

Weit nach Mitternacht wankt der alkoholsüchtige Mann in´s Schlafzimmer. Die Frau, die lange auf ihn gewartet hat, bringt sich in Position. Als Nixon kurz aufblickt murmelt er „Stimmt, ich muss ja noch Moshe Dayan anrufen!"

„Warum tut Frau Schmidt denn heute gar nichts?"
„Sie vertritt heute den Chef".

Außenseiter

Zwei Jäger schießen auf Hasen. Einer wirft dem anderen vor: „Sie treffen ja nichts, sie schießen immer daneben!" „Das ist nicht so wichtig", antwortet der andere, „Hauptsache die Hasen sehen meinen guten Willen."

Was tut ein Jäger, der versehentlich eine Kuh geschossen hat? Er steckt ihr einen Hasen ins Maul und sagt, sie habe gewildert.

Autorität

Ein Vater mit seinen Söhnen vor dem Fernseher. Vater bittet den älteren, „hol mir doch bitte eine Flasche Bier aus dem Keller." „Tut mir leid, sagt der Junge, aber ich muss los, hab mich mit meiner Freundin verabredet." Auf die Bitte an den Jüngeren erfährt der Vater, dass jetzt gleich das WM Spiel Deutschland gegen Argentinien übertragen wird und der Sohn kein Tor verpassen will. So bleibt ihm nichts anderes übrig als selbst zu gehen. Während er losgeht, ruft ihm der Jüngere zu: „Wenn du schon gehst, dann bring mir doch gleich noch eine Schachtel Zigaretten mit."

Papst Johannes Paul hat den Theologen Eugen Drewermann gefressen. Im Darm des Geistlichen kommt ihm jemand entgegen, den der Verschluckte als Kardinal Ratzinger erkennt. „Was, du auch hier?" fragt Drewermann. „Ja, aber ich bin durch den anderen Eingang reingekommen", antwortet der Kardinal.

# B	Beruf

Ordnungen im Beruf

Kennen sie den Unterschied zwischen einem Neurotiker, einem Psychotiker und einem Psychiater?

Der Neurotiker baut Luftschlösser, der Psychotiker wohnt darin und der Psychiater kassiert die Miete.

Die Ordnung ist die Lust der Vernunft aber die Unordnung ist die Wonne der Phantasie. (Paul Claudel)

Berufsanfänger/Praktikanten

Ladenchef zum neuen Lehrling: „Man lässt nie einen Kunden hinausgehen, bloß weil man nicht genau den Artikel führt, den er wünscht. Man bietet einen Ersatz an!" Ein Kunde wünscht Klopapier. „Das ist uns ausgegangen", sagt der Lehrling bedauernd. Doch die Lehre des Chefs ist bei ihm auf fruchtbaren Boden gefallen und er fährt fort: Wir können Ihnen statt dessen ein ausgezeichnetes Schmirgelpapier anbieten."

Belastung / burn out

Wirklich, er war unentbehrlich! Überall, wo was geschah. Zu dem Wohle der Gemeinde. Er war tätig, er war da. Schützentag und Discofeten, Autorennen, Unterricht, Joggingfeste, Feuerwerke, ohne ihn, da ging es nicht. Ohne ihn war nichts zu machen, keine Stunde hatt er frei. Gestern, als sie ihn begruben, war er –richtig- auch dabei. (Wilhelm Busch)

Beförderung

Durch eine Viruserkrankung fällt der Dirigent des Philharmonischen Orchesters aus und muss durch den ersten Bratscher vertreten werden. Der Ersatzmann macht seine Sache ausgezeichnet und als der in der Zwischenzeit wieder gesunde Dirigent seine Arbeit wieder aufnimmt, fragt der zweite Bratscher seinen Nachbarn: „Wo warst du gestern und vorgestern?"

Wer vorwärts kommen will, muss seine Frau fragen. (Sprichwort)

Beim gesellschaftlichen Aufstieg empfiehlt es sich, freundlich zu den Überholten zu sein. Man begegnet ihnen beim Abstieg wieder. (Jo Herbst)

C   Computer

Thomas Gottschalk lädt einen Witzeerzähler und Bill Gates in seine Sendung „Wetten dass" ein. Bei der Vorstellung erklärt Gates: „Ich bin der Erfinder des besten Computersystems der Welt." Darauf der Witzeerzähler: „Der Witz ist aber nicht von mir!"

Der Computer rechnet mit allem, nur nicht mit seinem Besitzer. (Dieter Hildebrandt)

D Drudel

Mal was ganz anderes sind Bilder, die zum Raten auffordern. Dazu eignen sich besonders die von Roger Price entwickelten Drudel. Sie ermöglichen auch in ernsten Supervisionsstunden heitere Momente. Zwei der Vielen (nur im Buch verfügbar) sollen das aufzeigen:

Bild 1: Bazillen distanzieren sich von einem Kollegen, der Penicillin erwischt hat. Damit lässt sich das Thema **Distanz gut bearbeiten.**

Bild 2: Unterschrift eines Analphabeten in guter Kalligraphie leitet über zum nächsten Thema:

Doktoren

Supervisanden und Supervisandinnen sind lerneifrig und streben oft nach Höherem. Wenn ein Sozialwissenschaftler promoviert, erzähle ich ihm folgenden Witz:

Zwei Webstübler unterschreiben einen Mietvertrag. Da beide nicht lesen und schreiben können, begnügen sie sich mit Kreuzen. Der erste schreibt XX. Der zweite: XXX. „Hä", fragt der erste, was bedeutet das dritte Kreuz?" „Das steht für den Doktor", meint der zweite.

Wer den Witz auf Anhieb versteht, kann entspannt darüber lachen. Wer ihn missversteht, und ihn auf sich bezieht, kommt ins Grübeln. Supervisanden meinten „allen Ernstes" , dass ich sie auf ihre Fähigkeiten im Sozialbereich testen will und wissen will, ob sie sich im Umgang mit Behinderten auskennen. An dieser Stelle kann die Arbeit über das Thema Selbstwert und Berufsorientierung beginnen.

Die Webstübler aus Basel kommen auch im nächsten Begriff vor:

Druck

Unter Druck kommen oft Mitglieder eines Teams, wenn dort verschiedene Strategien entwickelt und nicht miteinander abgesprochen werden.

Keuchend erreichen zwei Webstübler, die mit einem Tandem unterwegs sind, den Scheitel des Passes, den sie, ohne Absteigen erklommen haben. „Das war eine Sauanstrengung „meint der erste und der zweite, ganz stolz, „Ja, wenn ich nicht laufend gebremst hätte, wären wir wieder rückwärts runtergefahren."

E   Energie

Energie ist Thema in Supervisionen, wenn der oder die Betroffene schlapp zu werden droht. Den Prozess kann eine komische Einlage auflockern, wenn das Thema nicht aus der realen Welt stammt. Hier ein dritter Webstüblerwitz:

Eine Bahnfahrt kann anstrengend sein und verbraucht viel Energie. Oft bedeutet das stundenlange Fahren einen Kraftaufwand, besonders dann, wenn jemand gegen die Fahrtrichtung sitzen muss.

Ein Webstübler steigt kreideweiß aus dem Zug und wird dort von seinem Freund erwartet: „Wie siehst du denn aus? Ist dir beim Zugfahren schlecht geworden?" „Das ist es eben" antwortet der andere, „ich musste die ganze Zeit rückwärts fahren." „Aber du hättest doch jemand fragen können, der dir gegenüber gesessen hat, ob ihr die Plätze tauschen könnt." „Das war eben die Schwierigkeit, es saß mir keiner gegenüber."

Erwartung

Samy, ein frommer Jude, der den Kaftan, einen Bart und Schläfenlocken trägt, führt ein gottgewolltes Leben. Doch plötzlich will er nach seinem 60. Geburtstag noch einmal sein Leben ändern, treibt

Sport und nimmt 20 Kilo ab. Danach kauft er sich einen sportlichen Anzug, lässt sich die Haare schneiden und den Bart scheren. Als er auf die Straße tritt, wird er von einem Auto erfasst und stirbt auf der Stelle. Im Himmel angekommen macht er Gott bittere Vorwürfe: „Mein ganzes Leben habe ich dir treu gedient und nun lässt du mich einfach sterben" „Verzeih mir, Samy," spricht Gott, „aber ich habe dich wirklich nicht mehr erkannt!"

Bei einer Supervision mit einer Gruppe von Pastoraltheologen geht es um das Thema „Gerechtigkeit Gottes". Ein Mitglied der Gruppe kann nach der heutigen Weltlage nicht mehr so recht daran glauben. Die Gruppe von 4 Personen ist geteilter Meinung. Das Gespräch entwickelt sich in die Richtung, dass es heute schwierig ist, am überkommenen Glauben festzuhalten und dass es nicht damit getan ist, die Gebote zu befolgen und in die Kirche zu gehen.

Die Intervention mit diesem Witz scheint den Zweiflern Recht zu geben, denn sein Inhalt weist auf einen ungerechten Gott hin, der nicht einmal in der Lage ist, einen ihm treu ergebenen Menschen von einem sportlich gekleideten Mann zu unterscheiden. Doch der tiefere Sinn der Eingabe ist es, so ein Mitglied der Gruppe, dass Samy ein Mensch ist, der sich für das, was er tut, immer verkleiden muss. Zuerst als Frommer, dann als sportlicher Mann. Die tiefere Wendung in der Pointe bekräftigt dies: Wie soll Gott einen Menschen, dessen Identität zuerst in der Äußerlichkeit und der Verkleidung liegt, von einem in seinem Selbstwert und seiner Lebensführung eindeutigen Mann unterscheiden und was hat Samy veranlasst, sein Leben so radikal zu verändern?

Diese Fragen führen uns zum Thema: „Was erwarten wir von Gott und was erwartet er von uns?"

Ganz andere Erwartungen haben die Zuhörer in der folgenden Geschichte. Hier werden zwei unterschiedliche Erwartungen unterschiedlich enttäuscht:

Willi aus Eichstetten fährt zum ersten Mal allein nach Paris. Am Stammtisch wird er mit vielen guten Ratschlägen verabschiedet. Als er wieder zurück ist, warten die Stammtischbrüder gespannt auf seinen Bericht. „Ja," sagt Willi, zuerst hatte ich etwas Mühe, eine rassige Schönheit aufzutreiben, aber plötzlich kam so eine schwarze, kleine mit Rastalocken und einem riesigen Busen auf mich zu und ich ging mit ihr. Im roten Zimmer stand ein großes Bett und sie begann sich auszuziehen und half mir aus den Kleidern." „Und dann?" fragten die Stammtischbrüder. „Dann gingen wir ins Bett." Und dann (fast atemlos). „Dann war alles wie in Eichstetten."

Empathie

„Wo geht´s zum Bahnhof?", fragt der eilige Passant einen Sozialpädagogen. „Keine Ahnung, aber ich finde es gut, dass wir einmal darüber gesprochen haben."

Erotik

„Alle Frauen sind schlecht!", sagt der Pessimist. „Hoffentlich", sagt der Optimist.

Erotik ist die Überwindung von Hindernissen. Das verlockendste und populärste ist die Moral. (Karl Kraus)

Allem kann ich widerstehen, nur der Versuchung nicht. (Oscar Wilde)

Ernst (in der Lebensführung)

Urs Wehrli, Kunst aufräumen: Das Bild ermöglicht in einer Einzelsupervision die genaue Darstellung des eigenen Teams. Selbst die Farbenreihung stimmt mit den Kompetenzeinflüssen der Teammitglieder überein. Die eigene Person ist der (teilweise isolierte) weiße Klotz.

Eine Supervisandin erkennt im Bild das Auf und Ab des eigenen Lebens. Die Höhen und Tiefen der Lebenskurve sind auch hier in den Farben zu erkennen.

Das Bild Klee aufräumen darf aus urheberrechtlichen Gründen nicht eingefügt werden. Es lässt sich mit Hilfe des -Buches „Kunst aufräumen", erschienen im Kein&Aber Verlag relativ gut in der Supervision einsetzen.

F	Familie

Der kleine Rudi will und will nicht einschlafen. Immer wieder ruft er: „Mami bring dies, bring das." Der Mutter platzt der Kragen:" Wenn du noch einmal Mami rufst, dann kriegst du eine Woche

Computerverbot und die Fahrt in den Europapark wird gestrichen." Nach wenigen Minuten tönt es aus dem Kinderzimmer: „Frau Bowinkelmann, ich habe Durst, bring mir was zu trinken."

Drei Psychologen unterhalten sich über die Frage, welche frühesten Erinnerungen aus ihrer Kindheit ihnen noch bewusst sind. Der erste erinnert sich noch an die Tage, in denen er laufen lernte. Der zweite findet das ein wenig gewöhnlich und trumpft auf. „Das war, als meine Mutter mich abstillte, eine wirklich schmerzliche Erfahrung!" „Das ist noch gar nichts", meint der dritte, „ich weiß noch, wie ich mit meinem Vater tanzen ging und am frühen Morgen mit meiner Mutter nach Hause kam."

Freiheit

Ein Rabbi und ein Pfarrer sitzen nebeneinander im Flugzeug. Die Stewardess bietet ein Glas Champagner an, worauf der Rabbi dankend annimmt. Der Pfarrer lehnt ab: „Vielen Dank , aber als Vertreter der katholischen Glaubenslehre darf ich weder Alkohol trinken noch den Geschlechtsverkehr ausüben." Darauf ruft der Rabbi die Stewardess noch einmal zurück und sagt: „Verzeihen Sie Fräulein, aber ich wusste nicht , dass ich die Wahl hatte."

Freizeit

In der Männersauna klingelt plötzlich ein Handy. Irgendein Mann nimmt ab und hört eine Frauenstimme: „Schatz, wo bist du? „In der Sauna". „Hör mal", sagt die Frau, „ich bin gerade beim Juwelier und habe endlich mein Diamant-Kollier gefunden, das ich schon lange haben will und es kostet nicht viel mehr als 30 000 Euro." „Wieviel mehr denn?" fragt der Mann. „Ungefähr 45 000." „Gut, dann nimm es, aber bezahle nicht mehr als diese Summe." „Schatz, ich liebe dich", antwortet die Frau und fährt fort: „Vorher war ich bei unserem Autohändler und stell dir vor, der hatte unseren

Lieblingswagen für nur 80 000 Euro, das ist doch ein Schnäppchen." „Versuche ihn noch ein wenig runterzuhandeln auf höchstens 75 000!" Die Frau jubelt und sagt schließlich: „Ich werde alles besorgen und ich freue mich schon sehr, dich heute Abend endlich wieder zu sehen." Der Mann legt auf und fragt in die Runde: „Wem gehört eigentlich dieses Handy?"

Finanzen

Im späten November tritt ein taubstummer Mann an einen Bankschalter und legt ein Kondom und einen Tannenzweig auf den Tresen. Die Angestellte ist völlig verwirrt und da der Mann sich nicht äußern kann, ruft sie den Chef. Dieser weiß sofort Bescheid: „Aber das ist doch ganz klar, der Mann will einen Überziehungskredit bis Weihnachten!"

Freude

Ein 105 jähriger Jude kam plötzlich nicht mehr in die Synagoge. In Angst, dem alten Mann sei etwas zugestoßen, ging der Rabbi sofort zu ihm. Er fand ihn bei bester Gesundheit und fragte ihn: „Warum kommst du nach so vielen Jahren nicht mehr in die Synagoge?"

Der alte Mann schaute sich vorsichtig um und flüsterte dann dem Rabbi ins Ohr: „Als ich 90 wurde, erwartete ich, dass Gott mich demnächst zu sich holen würde. Aber dann wurde ich 95 und 100 Jahre alt, jetzt sogar 105. Also dachte ich mir, dass Gott mich vergessen haben muss. Jetzt will ich ihn nicht wieder daran erinnern."

G   Gegenübertragung

Was ist das größte Problem der Selbstanalyse? Die Gegenübertragung

Generationenkonflikt

Hansi hat die Hausaufgabe, herauszufinden, woher er kommt. Zunächst fragt er seine Mutter. Die antwortet ihm: „Dich hat der Storch gebracht." Er fragt als nächsten seinen Opa und der gibt ihm die selbe Antwort. Als auch die Uroma genau so antwortet, schreibt der Kleine in sein Heft: Ich lebe in einer Familie, in der seit 3 Generationen kein normaler Geschlechtsverkehr mehr stattgefunden hat.

Geschlecht

„Papa, was ist eigentlich eine Transsexuelle?", fragt der neugierige Junge. „Frag Mama, der weiß das."

Atemlos rennt ein Tourist auf eine langhaarige jugendliche Person zu und fragt: „Können Sie mir sagen, wo der Zug nach Berlin abfährt." „Weiß ich doch nicht" grummelt die Person. Nebendran sitzt eine andere Person, die eine ganz ähnliche Haartracht trägt. „Entschuldigen Sie, ich habe ihre Tochter gefragt, wo der Zug nach Berlin abfährt, aber sie hat mir nicht geantwortet." „Das ist mein Sohn, nicht meine Tochter!" „Und Sie sind der Vater?" „Nein, die Mutter!"

Geschwister

Wie Klein Ernas Mamma mal so im Gespräch mit Frau Schulze ist, fragt die auf einmal: „Wieviel Kinder haben Sie denn?" „Fünf: Heini ist Bierkutscher, Frieda arbeitet in der Fabrik, Martha ist Dienstmädchen und dann Klein Bubi" „Das sind doch bloß vier!" „Nein, fünf hab ich doch!: Heini ist Bierkutscher , Frieda arbeitet in der Fabrik, Martha ist Dienstmädchen und dann Klein Bubi!" „Aber das sind immer noch bloß vier!" „Aber ich hab doch fünf!: Heini ist Bierkutscher, Frieda arbeitet in der Fabrik, Martha ist Dienstmädchen, Klein Bubi …und, ach so, Klein Erna, die ist ja seit vier Wochen im

Krankenhaus, muss ich ja direkt mal nach ihr gucken!"

Gesprächsführung

Der Therapeut, geschult in Empathie und Krisenmanagement, hat einen schwierigen Patienten. Dieser findet das Leben sinnlos und sucht Begleitung und Hilfe:

P: „Heute ist alles so grau und hoffnungslos."

T: „Ja, heute ist alles so grau und hoffnungslos."

P: „Das Leben hat einfach keinen Sinn mehr."

T: „Das Leben hat keinen Sinn mehr."

P: „Am liebsten würde ich mich umbringen."

T: „Am liebsten würden Sie sich umbringen."

P steigt aufs Fensterbrett und springt aus dem Fenster.

T: „Pflatsch"

Gesundheit

„Einmal im Quartal gehe ich zum Arzt, der muss schließlich auch leben. Mit dem Rezept gehe ich zum Apotheker, auch der muss leben. Zu Hause werfe ich die Medikamente in den Müll: Ich will schließlich auch leben!"

Geld

Ein Mann geht ins Rotlichtviertel und fragt eine junge Prostituierte, was es den kostet. „100 €" sagt die Schöne und blinkert mit den Augen. „Das ist mir zu teuer", sagt der Mann und versucht zu handeln: „Für 20€ würde ich mit dir gehen". „Du spinnst ja, für diesen Preis mache ich das nicht!" Am nächsten Tag geht er mit seiner Frau ins Kino und trifft unterwegs zufällig die Schöne von gestern. „Da siehst du, was du für 20 € kriegst!" flüstert ihm die Schöne zu.

Gewinn

Nach dem Gaza Krieg sitzt das israelische Kabinett zusammen und beratschlagt die Lage. Die Stimmung ist gedrückt und der Hass auf die Amerikaner, die wiederholt für einen eigenen Palästinenserstaat plädiert haben, steigt. Die religiös Konservativen bringen die Idee auf, gegen Amerika einen Krieg zu führen. „Das hätte den Vorteil, dass wir wie die Deutschen nach dem zweiten Weltkrieg einen soliden Wiederaufbau bekämen und unsere Industrie von den Amis gefördert würde." Netanjahu wiegt den Kopf bedächtig und fragt: „Was ist, wenn wir den Krieg gewinnen?"

Glaube

Eine Nonne fährt auf der Autobahn und bleibt mit einer Panne liegen: das Benzin ist alle. Da sie keine Notrufsäule findet, muss sie zu Fuß zum nächsten Ort. An der Tankstelle fragt der Besitzer: „Haben Sie keinen Benzinkanister dabei?" Als die Nonne verneint, geht er auf die Suche, da er aber schon alle Kanister ausgeliehen hat, findet er nur eine alte Bettpfanne, die er mit wenigen Litern des Kraftstoffes füllt. Die Klosterfrau steht gerade am Auto und füllt das Benzin ein, als ein dicker Lastwagen vorbeifährt und der Fahrer ihr aus dem geöffneten Fenster zuruft: „Schwester, Ihren Glauben möchte ich haben!"

H Heimat

Heimat ist das, wo ich verstehe und verstanden werde (Karl Jaspers)

Heiterkeit

Alle Heiterkeit der Welt rührt von ihrer Traurigkeit her. (Alfred Polgar)

Hilfe

Ein Mann steigt am Bahnhof in ein Taxi. „Wo soll's denn hingehen?", fragt der Fahrer? Der Mann: „Das spielt keine Rolle, ich werde überall gebraucht."

Eingeschlossen in einer Berghütte harrt eine Gruppe schwäbischer Bergsteiger auf Rettung. Obwohl sie einen Notruf abgesandt haben, ist von Hilfe keine Spur zu sehen. Nach Tagen rüttelt es an der Tür und eine tiefe Stimme sagt: „Hier ist das Schweizerische Rote Kreuz, machen Sie auf!" „Mir gäbet nix." ertönt es schwach aus der Hütte.

(Geeignet für die Bereiche abgelehnte Hilfe, Hilfe annehmen usw.)

Humor

Im Deutschen Bundestag kommt Willy Brandt mit einer Gruppe lachender Abgeordneter ins Plenum und erzählt Witze. Der Vorsitzende der SPD Fraktion

Herbert Wehner sieht das und bemerkt grimmig mit finsterer Miene: „Der hat seine Witze, aber ich habe Humor!"

Einem absolut, wie es scheint, humorlosen Supervisanden erzähle ich diesen Witz und bin gespannt, ob er sich in der Person des Herbert Wehner wiedererkennt. Zunächst formuliert er, dass er keiner Witze bedarf, um in Stimmung zu kommen, Humor sei schließlich etwas anderes, als nur Witze zu erzählen. Ich frage ihn, was dann für ihn Humor sei. Seine Antwort verblüfft mich: „Humor ist, wenn man trotzdem lacht". Meine Frage, was dieses „trotzdem" für ihn bedeutet, umgeht er zunächst, kommt aber auf Wehner zu sprechen und formuliert: „Der ist ja nur neidisch auf den Witzeerzähler Brandt, denn es fällt ihm sichtlich schwer, den von ihm ansonsten argwöhnisch beobachteten Politiker einmal so locker zu erleben." Der polternde und grimmig agierende Wehner gerät hier in die Rolle des Neiders. Ich frage

zurück: „Können Sie das nachvollziehen?"
„Eigentlich schon, denn ich kann es mir nicht leisten, einfach nur Witze zu erzählen und an den Widrigkeiten meiner Aufgaben und meines Berufes vorbeizulachen." Die laufende Stunde kann sich nun diesem Thema zuwenden.

I Idealismus

Der Idealist geht glatt durch Mauern und stößt sich wund an der Luft. (Alfred Polgar)

Initiative

Initiative ist praktizierte Disziplinlosigkeit

Intuition

Wenn man einen Marionettenspieler fragt: „Wie machen Sie das?", wirft er alle Fäden durcheinander. (Heinrich v. Kleist)

Inkompetenz

Ein Schreinermeister will seinen neuen Lehrling testen, ob er ein Verkaufsgespräch am Telefon führen kann. Er fragt mit verstellter Stimme, was die Firma mit den Astlöchern macht, die bei der Verarbeitung übrig bleiben. Der Junge ist nicht auf den Kopf gefallen und antwortet flugs: „Die schicken wir nach Amerika." Erstaunt fragt der Meister, wofür denn die Amerikaner so viele Astlöcher brauchen. „Die verarbeiten die dort zu Arschlöchern für Schaukelpferde." ist die gewitzte Antwort.

Irrtum

Eine ältere Dame geht zur Beichte und bekennt, dass sie sich jeden Morgen im Spiegel bewundert und sich darüber freut, wie schön sie doch ist. Der Priester schaut durch den Vorhang und sagt „Das ist ein Irrtum, meine Tochter, keine Sünde!"

J Jäger

Jäger ist er nicht, aber der Hang zur Übertreibung ist da. (Bismarck)

Jesus

Auf seinen Wanderungen durch Galiläa kommt Jesus wieder einmal in ein kleines Dorf und die Menschen bringen die Kranken zu ihm. Ein Mann, der seit kurzem im Sterben liegt, bittet den Meister: „Hilf mir", ich will gesund werden." Jesus schaut ihn lange an, atmet mit ihm und sagt: „Steh auf und geh umher!" Augenblicklich steht der Mann auf und scheint geheilt zu sein. Die Umstehenden sind begeistert. Jesus und seine Jünger ziehen weiter. Nach 14 Tagen berichten die Jünger, dass der Mann vor einer Woche gestorben ist. Jesus weint und sagt: „Dann war es doch Krebs!"

K	Kapital

Der Aktienhändler Jakob liegt im Sterben und sein bester Freund Josef steht an seinem Bett und versucht ihm Mut zu machen. „Schau mal, jetzt bist du 80 Jahre alt, warst immer arbeitsam und jetzt kannst du wieder gesund werden und 90 werden." Jakob lässt sich nicht überzeugen: „Was soll mich Gott erst mit 90 nehmen, wenn er mich schon mit 80 haben kann?"

Kombination

Nach seiner Himmelfahrt geht Jesus durch das Gefilde der Seligen und begegnet einem alten Mann, der verzweifelt ruft: „Ich suche meinen Sohn, den ich vor langer Zeit verloren habe." „Jesus ist von Mitleid gerührt und fragt ihn: „Vielleicht kann ich dir helfen. Sag mal, woran kann man denn deinen Sohn erkennen?" „Er hat von Nägeln stammende Löcher in seinen Händen und Füßen." Jesus ist gerührt und ruft: „Vater!" Und der alte Mann völlig begeistert: „Pinoccio!"

In Basel warten zwei Webstübler auf die Straßenbahn. „Auf welche wartest du?" „Auf die 1." „Und du?" „Auf die 6". Wie beide so versonnen vor sich hinstarren, kommt die Bahn mit Nr. 16 um die Ecke. „Das ist eine für uns beide", meint der eine.

Kommunikation

Ein Mann: „Kommst du vom Angeln?" Der andere: „Ich habe mir einen geräucherten Fisch gekauft." Der erste: „Nein, ich habe gefragt, ob du vom Angeln kommst." Der andere: „Ist billig und hat viele Vitamine" Der erste: „Leck mich am Arsch!" Der andere: „Das ist das beste Abendessen.

Was sagt ein arbeitsloser Psychologe zu einem arbeitenden Psychologen? „Einmal Pommes mit Mayo!"

Konfession/Religion

Ein Priester trifft einen Rabbi und sagt zu ihm: „Heute Nacht träumte mir, ich sei im jüdischen Himmel und sah eine Menge Leute, die alle nach Knoblauch stanken und die in einer großen Unordnung lebten." „Das trifft sich gut", meint der Rabbi. Ich war im Traum im katholischen Himmel und sah eine große Blumenwiese mit himmlischen Düften aber der Himmel war völlig leer, denn kein Mensch war da!"

„Der Priester teilt die Kommunion aus und spricht die Worte: „Der Leib Christi". Als er zu einer jungen Frau kommt, sagt diese: „Könnte ich ein Stück von der Dornenkrone haben, ich bin Vegetarierin?"

Konferenzen

Zu den einschneidenden Erfahrungen einer Lehrperson im Schulbereich zählen die Konferenzen.

Sie sind langweilig und zeitraubend. Viele Kollegen und Kolleginnen greifen dann zu Ablenkungen wie korrigieren oder Zeitung lesen. Da ich selbst aus dem Lehrerberuf stamme und keine Lust auf die obengenannten Tätigkeiten hatte, erfand ich mit den am Tisch sitzenden Personen sogenannte Himmelstorwitze. Sie sollen Kolleginnen und Kollegen und ihre Eigenschaften charakterisieren und die Frage beantworten: Was würde die oder der sagen, wenn sie gleichzeitig mit mir/uns am Himmelstor auftauchen würden?

Der Direktor: „Ist Herr P. (der größte Konkurrent des Chefs) schon drin?"

Die Stundenplanerin: „Haben Sie jetzt eine Freistunde?"

Der Positivist (oft Mathematiker): „Ich seh´ hier kein Himmelstor!"

Der ehemalige Theologe: „Ist das hier überhaupt katholisch?"

Der Alkoholfreund: „Wieviel Prozent hat das Manna?"

Die Unersetzliche: „Ich gehe nur rein, wenn es genug zu tun gibt!"

Die religiöse Skeptikerin: „Und, was ist dahinter?"

Der neugierige Kollege: „Warum habt ihr mich nicht informiert?"

Der Frauenfreund: „Wo sind die 70 Jungfrauen?"

Die Männerfreundin: „Wie stark ist Gottes Kraft?"

Diese Witze lassen sich schnell umsetzten und geben in einer Supervision die Möglichkeit, die betreffenden Personen zu einer Einschätzung anderer Mitglieder des Kollegiums zu befragen und ihre eigene Position innerhalb der Lehrerschaft einzuschätzen.

Konkurrenz

Zwei jüdische Geschäftsleute stehen am Fahrkartenschalter und wollen nach Paris. Zwei Spanier, ebenfalls Geschäftsleute, beobachten, dass die beiden Juden nur eine Fahrkarte kaufen, aber zu zweit den Zug besteigen. Als der Schaffner naht, rennen die beiden Juden auf die Zugtoilette. Der Schaffner klopft an die Tür und ruft: „Ihre Fahrkarte bitte!" Sofort schieben die beiden die eine Fahrkarte unter der Tür durch, und der Schaffner knipst sie. Nach einigen Tagen stehen die Spanier am Kartenschalter und wollen nach Madrid fahren. Die beiden Juden kommen etwas später. Natürlich kaufen die Spanier nur eine Fahrkarte. Zu ihrer Überraschung kaufen die Juden gar keine. Als der Schaffner naht, verstecken sich die beiden Spanier in der Toilette. Die beiden Juden springen auf, klopfen an die Tür und rufen: „Ihre Fahrkarte, bitte!" Die Spanier schieben sie unter der Tür durch, die beiden Juden reißen sie an sich und stürzen in die nächste Toilette.

Krankheit

Die Krankenschwester informiert den gerade eintreffenden Arzt: „Herr Doktor, der Hypochonder auf der 315 ist heute Nacht gestorben!" „Jetzt übertreibt er aber", sagt der Arzt „der bildet sich doch nur ein, er sei tot."

Krankheit ist der einzige, eines Christen würdige Zustand (Blaise Pascal)

Kritik

Er las den Text mit der Ausdauer eines Gekränkten, mit der Sorgfalt eines Herzens, das nach Schadenfreude lechzt." (Max Frisch)

Ein Münchner führt einen Ami durch die Stadt und versucht ihm die wichtigsten Bauwerke zu zeigen. Als sie am Rathaus ankommen fragt der Ami: „Wie lang wurde daran gebaut?" „So ungefähr 50 Jahre" meint der Gefragte. „Ha, bei uns in Amerika wird so etwas in einem Jahr gebaut." Sie gehen weiter und kommen zum alten Peter. Auch hier fragt der Mann aus Übersee nach der Bauzeit. Der Münchner, schon etwas gewitzter meint: „Ungefähr 5 Jahre." „Bei uns in Amerika in drei Monaten!" Bei der Frauenkirche angekommen, kommt der Mann aus München der Frage zuvor und meint: „Huch, die stand gestern noch gar nicht da."

L Leben

Drei Geistliche verschiedener Konfession debattieren darüber, wann das Leben beginnt. Der katholische Pfarrer: „Das Leben beginnt nach der Zeugung". Der evangelische Kollege formuliert etwas großzügiger: „Erst, wenn sich das befruchtete Ei in der Gebärmutterschleimhaut eingenistet hat." „Von wegen" meint der Rabbi, „das Leben beginnt, wenn die Kinder aus dem Haus sind und der Hund tot ist."

Man versteht das Leben nur rückwärts, aber leben muss man es vorwärts. (Sören Kierkegaard)

Lieben

„Liebling, wir haben verschlafen!", sagt die Ehefrau zu ihrem Mann und wirft ihn aus dem Bett. Der Mann greift sich den Wecker und sagt: „Er steht!" „Kommt überhaupt nicht in Frage, sagt die Frau, sonst bekommst du den Bus nicht mehr!"

Liebe aus der Sicht eines Juristen: Ein Prozess, bei dem auch der unterlegene Teil auf seine Kosten kommt.

Leistung

Ein Architekt, ein Elektroniker und ein Ingenieur diskutieren miteinander über die Frage, was Gott bei der Erschaffung des Menschen von Beruf war. Der Architekt geht davon aus, dass auch Gott ein Architekt war, denn der perfekte Körperbau des

Menschen und seine Symmetrie deuten darauf hin. Dem widerspricht der Elektroniker, der an den Nervenbahnen und ihrem reibungslosen Funktionieren die Arbeit eines Elektronikers erkennt. Der Ingenieur ist nicht davon überzeugt, dass Gott ein Ingenieur war, denn wer legt schon eine Abwasserleitung mitten durch ein Vergnügungszentrum?

Das frisch getraute Paar begibt sich in der Hochzeitsnacht ins Schlafzimmer. Der Bräutigam legt sich ins Bett, gibt der Angetrauten ein Küsschen und beißt sie in den Finger. Da er schwäbischen Geblüts ist, folgt die Erklärung auf dem Fuß: „In där Sexualidät sin mir Schwobe die reinschte Deifel!"

Lehramt /Lehrer

Im Religionsunterricht erzählt der Lehrer die Geschichte von Jona und dem Walfisch. „Und dann verschluckte der große Fisch den Jona und er blieb drei Tage im Bauch des Fisches, ehe er wieder ausgespuckt wurde und an Land kam. So erzählt es die Bibel, aber diese Lehrerzählung dürft ihr nicht wörtlich nehmen; ihr müsst nicht alles so glauben, wie es in der Bibel steht!" Ein kleines Mädchen meldet sich und sagt: „Ich glaube aber alles genau so, wie es in der Bibel steht!" Darauf der Lehrer: „Naja, das musst du nicht!" Das Mädchen: „Ich werde den Jona fragen, wenn ich in den Himmel komme." Der Lehrer: „Und wenn der Jona in der Hölle ist?" „Dann können Sie ihn fragen, antwortet das Mädchen.

Eine Religionslehrerin, die von der schwäbischen Alb nach Südbaden gewechselt hat, erinnert diese Geschichte an ihre Unterrichtszeit mit schwäbischen Pietisten. „Wenn ich versucht habe, die Bildhaftigkeit der Schöpfungsgeschichte zu erklären, dann bekam ich ähnliche Antworten und im schlimmsten Fall kamen danach die Eltern in die Sprechstunde und erklärten mir dass die Bibel Gottes Wort ist und Wort für Wort glaubhaft ist. Alles, was ich im Studium gelernt habe, konnte ich dort total vergessen."

Lehren heißt zwei Mal lernen (Gerhard R. Jourbert)

M — Macht

Eigene Ohnmacht ist ebenso gefährlich wie fremde Macht. (Stanislaw Lec)

Wer andere zum Lachen bringen kann ist gefährlich, das wissen alle Machthaber (Werner Fink)

Mission

Ein Jesuit und ein evangelischer Pfarrer streiten darüber, wer die bessere Mission betreibt und den Menschen mehr Hilfe in religiösen Fragen bringt. Schließlich beendet der Jesuit das Gespräch mit der Feststellung: Sie bringen die Botschaft Gottes auf Ihre Weise zu den Menschen und ich auf die Seine!"

Musik

Heute kommt die vornehme Dame im Abokonzert neben den Musikprofessor zu sitzen. Während die wunderbare Musik vom Solisten mit der Oboe erklingt, fragt die Dame: „Sagen Sie, macht der Musiker alle Töne mit dem Mund?" „Das will ich doch hoffen, gnädige Frau", antwortet der Professor.

„Wie war denn das Konzert mit eurem neuen Dirigenten?", fragt der Nachbar den Musiker aus der städtischen Oper. „Nach den ersten Takten hat er keinen nennenswerten Widerstand mehr geleistet."

Mut

Was ist Mut?

Spätabends betrunken nach Hause kommen und deine Frau steht mit dem Besen hinter der Tür und du fragst: „Bist du immer noch am Kehren oder fliegst du nochmals weg?"

Mutter

Der Sohn kommt aus der Therapiestunde und die Mutter fragt: „Was hat der Therapeut zu dir gemeint?" „Er sagt, ich hätte einen Ödipus –Komplex." „Ach, Ödipus- Schnödipus, Hauptsache, du hast deine Mutter recht lieb!"

N   Nachkommen

Familienausflug am Sonntag Nachmittag. Zum ersten Mal darf die Tochter ihren Freund mitnehmen. Die Tour geht durch einen Wald und einen Fluss entlang. Plötzlich vermisst der Vater die Tochter mit ihrem Freund. „Wo sind die und was machen die", fragt er aufgeregt. Die Mutter antwortet: „nachkommen."

Ein junges Paar bleibt lange kinderlos. Sie fragen den Pfarrer um Rat, was sie tun sollen. Dieser empfiehlt ihnen eine Wallfahrt nach Lourdes. Also reisen die beiden dorthin und stellen in der Mariengrotte eine

Kerze auf. Der Pfarrer wurde unterdessen versetzt und macht später einen Besuch in der alten Gemeinde. Als er klingelt, kommt ihm ein kleines Mädchen entgegen. „Sind deine Eltern nicht da?". „Nein, Mama ist in der Klinik und erwartet unser sechstes Kind und der Papa ist in Frankreich und will dort eine Kerze ausblasen!", antwortet das Mädchen.

Natur

Amerikanische Forscher haben die Spezies Mann bis zur Perfektion weiterentwickelt. Heraus kam eine Kreditkarte, die den Müll runter trägt!

Das Denken ist zwar allen Menschen erlaubt, aber vielen bleibt es erspart. (Curt Goetz)

Nervosität

Tünnes will wegen der Homosexualität auswandern. Sagt Schäl: „Du bist doch gar nicht so."Tünnes: „Das stimmt, aber erst war es verboten, dann wurde es erlaubt. Heute wird es belohnt. Jetzt will ich weg, bevor es Pflicht wird."

Noten

Der Sohn des Fußballstars bringt sein Zeugnis nach hause. Bevor er es seinem Vater zeigt, bemerkt er: „Damit du es richtig siehst, mein Vertrag wurde um ein weiteres Jahr verlängert!"

Oder das Mädchen, das ihr Zeugnis den Eltern zeigt mit dem Satz: „Hauptsache, wir sind alle gesund!"

O   Obrigkeit

Wenn ich nicht besser wäre als ihr, wäre ich nicht König. (Leonidas)

Einige werden hoch geboren, einige erwerben Hoheit und einigen wird sie nachgeworfen. (William Shakespeare)

Es ist dem Untertanen untersagt, den Maßstab seiner beschränkten Einsicht an die Handlungen der Obrigkeit anzulegen. (Gustav von Rochow, preußischer Innen- und Staatsminister)

Opfer

Der kleine Franz kommt aus der Schule und die Mutter fragt ihn, was sie heute gemacht haben. „Wir haben einen Aufsatz geschrieben." „Und was hast du geschrieben?" „Ich habe erzählt, wie du und der Papa auf die Wetterspitze aufgestiegen seid und als ihr wieder abgestiegen seid, war ich auch schon in dir dabei." „Schön, dass du das erzählt hast", sagt die Mutter „und welche Überschrift hast du deinem Aufsatz gegeben?" „Ein Opfer der Berge", antwortet Franz.

Die USA, die Sowjetunion und die DDR interessieren sich für die Bergung des Wracks der untergegangenen Titanic. Die USA wollen den Tresor mir den

Brillanten und den wertvollen Gegenständen heben, die Sowjetunion möchte Genaueres über die Technik erfahren und die DDR sucht nach der Band, die bis zum Untergang gespielt hat.

Organisation

Die Chinesen haben das doppelseitige Klopapier entwickelt. Der Erfolg liegt auf der Hand.

Ein Webstübler ist mit dem Streichen eines Gartenzaunes beschäftigt. Wie er so immer von oben nach unten streicht, kommt sein Freund und meint. „Wenn du in jede Hand einen Pinsel nimmst, kommst du schneller voran!" „Ja und dann stecke ich mir noch einen Besen in den Hintern, dann kann ich gleich noch die Straße kehren!", meint der Webstübler.

Ordnung

Mose empfängt auf dem Berg Sinai die Zehn Gebote und die Speisegesetze. Gott: „Außerdem, Mose, koch niemals das Böcklein in der Milch seiner Mutter." Mose: „Oh! Du meinst, wir sollen niemals Milch und Fleisch zusammen essen?" Gott: „Nein, ich sage: Koch niemals das Böcklein in der Milch seiner Mutter." Mose: „Ach so! Vergib mir meine Unwissenheit, Herr! Was du meinst, ist: Wir sollen nach dem Fleischgenuss sechs Stunden warten, bis wir Milch trinken, damit beides nicht im Magen zusammen kommt." Gott: „Nein, ich sage: Koch niemals das Böcklein in der Milch seiner Mutter!" Mose: „O Herr hab Mitleid mit meiner Dummheit! Was du wirklich meinst, ist: Wir benutzen getrenntes Geschirr für Milchprodukte und für Fleisch, und wenn wir etwas durcheinander bringen, müssen wir das Geschirr vor dem Haus zerschlagen." Gott: „Ach tu, was du willst!"

Orden (religiös)

Im Kloster wird ein Fest gefeiert und der Alkohol fließt reichlich. Viele Patres und Brüder sind an der

Grenze ihrer Kapazität angekommen, aber Bruder Ambrosius liegt schon eine halbe Stunde unter der Bank. Ein Mitbruder stürzt auf ihn zu und sagt: „Dem Ambrosius geht es schlecht, wir müssen ihm die letzte Ölung geben". „Um Gottes Willen", fleht Bruder Ambrosius", „bloß jetzt nichts Fettes!"

P Pädagogik

Ich fürchte, unsere allzu sorgfältige Erziehung liefert uns nur Zwergobst. (Georg Christoph Lichtenberg)

Kinder und Uhren dürfen nicht ständig aufgezogen werden. Man muss sie auch gehen lassen. (Jean Paul)

Erziehung: einen Kopf drehen, bis er verdreht ist – natürlich auf dem neuesten Stand. (Karl Heinz Deschner)

Prestige

Drei Kinder streiten sich, wer den bedeutendsten Verwandten hat. Der erste sagt: „Mein Onkel ist

Minister, zu dem sagen alle Menschen Excellenz!" „Das ist noch gar nichts", mein Onkel ist Kardinal und wird von allen Emminenz genannt." „Aber mein Onkel", meint der dritte „wiegt zweieinhalb Zentner und alle, die ihn sehen sagen: Allmächtiger Gott!"

Prestigeobjekte sind materialisierte Minderwertigkeitskomplexe. (Andreas Tenzer)

Prügel

Kommt eine Frau zum Rabbi und beschwert sich, dass ihr Mann sie so oft schlägt. Der Rabbi fragt genauer nach und es kommt heraus, dass ihr Mann ein Taugenichts und Trunkenbold ist. „Im Talmud steht, dass ein Mann seiner Frau etwas von dem geben soll, was er verdient. Deshalb verstehe ich nicht, was du hast, gute Frau. Dein Mann verdient Prügel und er gibt sie dir!"

Psychologie

Was macht ein Psychologenpaar mit Zwillingen? Das eine landet in der Experimental- das andere in der Kontrollgruppe.

Zwei Schüler beim Psychologen. „Du, der ist sehr gut, der sucht die Schuld immer bei den Eltern."

Wieviel Psychologen braucht man, um eine Glühbirne einzuschrauben? Nur einen – die Glühbirne muss aber auch wirklich wollen.

R   Rechtfertigung

In einem Hinterzimmer pokern drei Geistliche verbotenerweise um eine Menge Geld. Als die Polizei eintrifft, verschwinden die Karten unter dem Tisch. Die Polizisten sind mißtrauisch und fragen: „Haben Sie hier etwa gepokert?" „Die Geistlichen verneinen das entschieden. Ein Polizist will es genau wissen und fragt den katholischen Priester: „Können Sie bei der heiligen Maria schwören, dass Sie nicht gepokert haben?" Der Geistliche schwört. Darauf geht die Frage an den evangelischen Pfarrer: „Schwören Sie auf die heilige Bibel?" Auch dieser Geistliche schwört. Als er zum Rabbi kommt, antwortet dieser: „Bemühen Sie sich nicht, mit wem soll ich denn allein pokern?"

Rassismus

In Düsseldorf sieht ein Spaziergänger wie ein Mann Wasser aus dem Rhein trinkt. Er rennt zu ihm hin und sagt: „Um Gottes Willen, trinken Sie das nicht, das Wasser ist vergiftet!" Der Mann, ein Holländer fragt: „Wat heeft U segt?" „Ach so", meint der Düsseldorfer, und zeigt ihm, wie es geht: „Schöpfen Sie mit beiden Händen!"

Religion

Der Mensch denkt, Gott lenkt (Volksmund)

Der Mensch denkt, dass Gott lenkt. (Dieter Hildebrandt)

Jetzt wird er den Gott, an den er nicht glaubte, zum Lachen bringen. (Friedrich Schorlemmer nach dem Tod Dieter Hildebrandts)

Rente

Drei Jungen unterhalten sich über ihre Großväter. Der Erste sagt: „Mein Opa trägt noch jeden Morgen die Zeitung aus." Der Zweite: „Mein Opa geht noch jeden Morgen zum Joggen und läuft eine halbe Stunde." Der Dritte: „Mein Opa läuft immer noch den Frauen nach, aber er weiß nicht mehr warum!"

Revolution

Die Deutschen würden während einer Revolution zwar einen Bahnhof besetzen, aber vorher eine Bahnsteigkarte lösen. (Lenin)

Rolle

Ein Paar, das 24 Jahre verheiratet ist, kommt in die Krise, da die sexuelle Beziehung eingeschlafen ist. Der Mann beschließt deshalb, bis zur Silberhochzeit in therapeutische Behandlung zu gehen. Der Therapeut rät ihm, die Sexualität neu zu beleben und wieder mit seiner Frau zu schlafen. Eines Abends, als er dies einmal ausprobieren will, bleibt der Mann ungewöhnlich lange im Bad. Die Frau schaut heimlich durch die Tür und sieht, wie er vor dem Spiegel steht und sagt: „Das ist nicht meine Frau, das ist nicht meine Frau!"

S   Schule

Nervös steht der Prüfling vor dem Zimmer des Professors und als dieser die Türe öffnet, fragt er: „Kennen wir uns nicht?" „Ja", meint der junge Mann, „ich war letztes Jahr schon bei Ihnen in der Prüfung und bin leider durchgefallen!" „Und", fragt der

Professor, „wie lautete damals meine erste Frage?"
„Kennen wir uns nicht?", antwortet der Student.

Schönheit

Der Münchner Portraitmaler Franz v. Lenbach sollte eine Dame der Gesellschaft verewigen. „Ich möchte ein wirklich ähnliches und hübsches Portrait", forderte die mit Schönheit nicht gerade üppig gesegnete Dame. Lenbach (sanft): „Gnädigste müssen sich entscheiden."

Der wutschnaubende Prediger redet den jungen Burschen ins Gewissen: „Ihr schaut bei den Mädchen immer nur auf das Äußere, ihr müsst auch sehen, was drunter ist!"

Schweigepflicht

Missmutig sitzt der bayrische Dorfpfarrer nach der Sonntagsmesse am Stammtisch und wartet auf die Weißwürste. „Warum so schlecht gelaunt?", fragen die Stammtischbrüder. „Es ist schon ein Kreuz, wenn in der ersten Beichte am Morgen jemand schon einen Ehebruch bekennt!", meint der Pfarrer. Fröhlich beschwingt bringt kurz darauf die junge Wirtin den Teller mit den Würsten und sagt: „Gell, Herr Pfarrer, da haben Sie gestaunt, als ich in der Früh als erste zum Beichten gekommen bin!"

Sexualität

Stolz steht der nackte Mann vor dem Spiegel, betrachtet sich wohlgefällig und sagt zu seiner Frau: „5 cm mehr und ich wäre ein König!" Die Frau antwortet spöttisch: „Und 5 cm weniger und du wärst eine Königin!"

Schuld

Ein Mann überfährt den Hahn eines Bauern und geht bestürzt in den Hof, um dem Landwirt den Schaden zu melden. „Ich werde Ihnen den Hahn voll ersetzen", sagt der Autofahrer. „Ich glaube nicht, dass sie den Aufgaben des Hahns gewachsen sind," antwortet der Bauer.

Alternative Pointe:

„Kommen Sie morgen um 4 Uhr und übernehmen Sie das Krähen!"

Sparsamkeit

Ein Ire, ein Waliser und ein Schotte machen eine gemeinsame Reise und verstehen sich so gut, dass Sie sich wiedertreffen und gemeinsam ein Fest feiern wollen. Jeder will etwas mitbringen. Der Ire: „Ich bringe feinen Speck und einen hervorragenden Whisky mit." Der Waliser: „Ich bringe frisch gebackenes Brot mit und gute Butter. „Und ich", meint der Schotte, „bringe die ganze Familie mit."

Ein Schotte kauft seinem Sohn ein Paar neue Schuhe. Als er sie zum ersten Mal trägt, meint der Vater: „Mach größere Schritte!"

Stellvertreter

Ein Posaunist geht zum Friseur und nach einer Weile fragt er den Figaro, ob er ihn nicht morgen Abend beim Konzert im Theater vertreten könnte. „Auf keinen Fall", sagt der Gefragte, „ich kann doch überhaupt nicht Posaune spielen!" „Das ist überhaupt kein Problem", meint der Musiker, „da sind noch drei andere Posaunisten, und Sie machen genau das, was die machen, das fällt überhaupt nicht auf!" Der Friseur lässt sich breitschlagen und am nächsten Tag erkundigt sich der Posaunist beim Friseur, wie es gewesen sei. „Das war eine totale Katastrophe, die anderen drei waren auch Friseure!"

T   Tabu / Tod

Ich habe keine Angst vor dem Sterben. Ich möchte nur nicht dabei sein. (Woody Allen)

Theorie

Ein Biologe beschäftigt sich jahrelang mit der Technik des Vogelflugs. Während seiner Arbeit fliegt ein Vogel vorbei. Er beobachtet ihn und sagt: „Der Vogel fliegt falsch!"

Träume

Eine Frau hat drei Nächte hintereinander den gleichen Traum: Sie steht vor einer verschlossenen Tür und drückt heftig dagegen; die Tür gibt nicht nach. Erst am dritten Tag liest sie das Schild, das da hängt. Darauf steht: Bitte ziehen!

U Unterricht

Die hübsche Referendarin hat heute Lehrprobe und wird von einem Dreierkollegium von Prüfern besucht. Die nehmen in der letzten Reihe Platz. Schon hat die Lehrerin den Satz an die Tafel geschrieben: Im Herbst werden alle Blätter braun. Der kleine Fritz sitzt vor der Prüfungskommision und wird aufgefordert den Satz vorzulesen. Fritz liest: „Mensch, ist das ein steiler Zahn!" Die Referendarin ist entsetzt und weist Fritz vor die Türe. Bevor er geht, dreht es sich noch einmal um und sagt, „Wenn ihr noch einmal falsch vorsagt, geh ich nie mehr in die Schule!"

Umstände

Mit einem leichten Klicken gibt der Fernseher seinen Geist auf. Der Vater blickt vom Fernsehsessel auf seinen Sohn und sagt: „Junge, bist du groß geworden!"

Der Lehrer fragt die neu in die Klasse gekommene Schülerin: „Na wie geht's?" Sie meint: „Den Umständen entsprechend!"

Urlaub

Ein Mann steht an der Rehling des Kreuzfahrtschiffs und ist seekrank. Der Ober fragt ihn: „Wollen Sie heute hier essen, oder soll ich das Essen gleich ins Meer kippen?"

„Wollten Sie nicht dieses Jahr nach Argentinien reisen?", fragt der Nachbar. „Nein, letztes Jahr wollen wir nicht nach Argentinien reisen, dieses Jahr reisen wir nicht nach Venezuela."

Ursache

Anruf bei der Hotline: Kunde: „Ich benutze Windows." Hotline: „Ja". Kunde: „mein Computer funktioniert nicht richtig!" Hotline: „Das sagten Sie bereits."

V | Vater

Drei Söhne essen mit ihrem Vater zu Abend. Dabei sehen Sie zu, wie ihr Vater isst. Der Mittlere: „Hast du gesehen, wie bei Vatern die Nudeln um die Schnauze baumeln?" Der Älteste: „Wie kannst du zu Vaters Fresse Schnauze sagen?" Der Vater springt zornig auf und holt den Stock, um die Kinder zu verprügeln. Alle drei sind im Nu unter das Bett gekrochen. Der Vater versucht, wenigstens den Jüngsten wieder an den Tisch zu bekommen: „Dir tu ich nichts, du hast ja nichts gesagt, du kannst rauskommen." Der Kleine ist nicht überzeugt und sagt: „Dir Aas kenn ick!"

Verdienst

Ein junges Mädchen beichtet ihre Verfehlungen im 6. Gebot. Der Pfarrer fragt sie: Weißt du eigentlich, was du dafür verdient hättest?" Das Mädchen: „Das weiß ich schon, aber mir geht es nicht ums Geld."

Vergebung

Jesus kommt in eine Stadt und sieht wie die Pharisäer eine Frau steinigen wollen, die Ehebruch begangen hat. Er sagt zu den Männern: „Wer von euch ohne Sünde ist, werfe den ersten Stein!" Da fliegt ein Stein; Jesus blickt vorwurfsvoll und sagt: „Aber Mutter!"

Vergessen

Kommt ein Mann zum Arzt und klagt: „Herr Doktor ich bin so vergesslich!" Der Arzt fragt zurück: „Seit wann haben Sie denn das?" Der Patient: „Was denn?"

Verlassen (sich)

Zwei Personen betreten einen leeren Raum und wenig später verlassen ihn drei Menschen. Was denkt ein Mathematiker? Eine Person muss den Raum betreten, damit er wieder leer ist.

Auf die bösen Menschen ist Verlass. Sie ändern sich wenigstens nicht. (William Faulkner)

Verkaufen

Ein empörter Kunde bringt die Reste eines auseinandergefallenen Stuhles ins Geschäft und beschwert sich bitterlich: „Erst gestern habe ich den gekauft und heute ist er schon kaputt!" Der Verkäufer fragt: Hat sich eventuell jemand drauf gesetzt?"

Verwandtschaft

Ein Mann ruft bei einer Anwaltskanzlei an. Eine Stimme meldet sich: „Kanzlei Blum, Blum, Blum und Blum." Der Mann: „Ich möchte Herrn Blum sprechen." „Tut mir leid, der ist in Urlaub." Dann möchte ich Herrn Blum sprechen." „Er arbeitet an einem komplizierten Fall und möchte nicht gestört werden." „Dann möchte ich Herrn Blum sprechen."

„Der hat heute frei." „Gut, dann möchte ich Herrn Blum sprechen." „Am Apparat."

W Wachstum

Ihnen fehlen alle Voraussetzungen zu weiterem Wachstum, sagte der Zwerg zum Riesen.

Wahl

Was ist der Unterschied zwischen einer Telefonzelle und einem Politiker? In der Telefonzelle muss man erst zahlen und dann wählen.

Wegweiser

Haben Sie schon einmal einen Wegweiser gesehen, der den Weg geht, den er weist? (König Franz I. 16.Jhdt.)

Wein

Der Wein ist unter den Getränken das nützlichste, unter den Arzneien das schmackhafteste und unter den Nahrungsmitteln das angenehmste. (Plutarch)

Weisheit

Schwobe wäred erscht mit vierzgi gscheid; andere Leit nie. (Volksmund)

Weltpolitik

Die Welt ist eine Pulverfabrik, in der das Rauchen nicht verboten ist. (Friedrich Dürrenmatt)

Wert

Beim Treffen von Schmidt und Honecker erzählt Brandt: „Ich sammle alle Witze, die über mich im Umlauf sind." Dazu Honecker: „Dann haben wir fast das gleiche Hobby, ich sammle alle die, die Witze über mich in Umlauf bringen!"

Wissenschaft

Im russischen Nationalmuseum steht eine Statue des Erfinders, Genosse Smirnow. Auf die Frage, was er erfunden hat, antwortet der Museumswärter: „Den Elektromotor, die Glühbirne und das Ritzel für Fahrräder." Nebenan steht der Genosse Sokolow. Auf die Frage, was der erfunden hat, bekommt der Frager die Antwort: „Den Genossen Smirnow!"

Witz

Der Witz ist das Gewürz, das esslustig macht. (Ludwig Börne)

Wurzeln

Auch Peitschen schlagen Wurzeln, wenn sie auf fruchtbaren Boden fallen. (Stanislaw Lec)

Der Ursprung aller Dinge ist klein. (Cicero)

Z

Zeit

Ein Mann sitzt an der Bar und schaut fortwährend auf seine Uhr. Eine junge Dame, die ebenso am Tresen sitzt, beobachtet ihn lange und fragt schließlich: „Sie schauen dauernd auf Ihre Uhr, warten Sie auf Ihre Freundin?" „Nein, nein, aber diese Uhr ist eine ganz spezielle, sie kann nämlich Alphawellen senden und mir mitteilen, was in meiner Nähe los ist." „Und was sagt Ihre Uhr?" „Sie sagt, dass Sie kein Höschen anhaben." „Da haben Sie aber Pech, Ihre Uhr ist kaputt, ich habe wohl ein Höschen an." „Die Uhr ist überhaupt nicht kaputt", sagt der Mann, „sie geht nur eine Stunde vor."

Ziel

„Wer nicht weiß, wohin er geht, erreicht mit jedem Schritt sein Ziel" (Sprichwort der Falbe) zitiert nach Wolfgang Tschick, Sand)

Was ist der Unterschied zwischen Martin Luther und Papst Johannes XXIII.? Luther sagte: „Hier stehe ich, ich kann nicht anders." Und Johannes sagte: „Hier stehe ich, ich kann noch ganz anders."

Zukunft

Die Zukunft war früher auch besser. (Karl Valentin)

Die Quelle

„Shape of jobs to come" Fast Future Research 2010 nennt Karrieremöglichkeiten bis zum Jahr 2030.

Dazu gehören unter anderen:

Körperteile –Techniker,

Gedächtniserweiterungschirurg,

Quarantänevollstrecker,

Wetterveränderungspolizei,

E- Jurist,

Avatar-Manager/E-Lehrer,

Randgruppenjournalist,

Datenentrümpelungsunternehmer,

Personal Branding Spezialist

Schlusswort

Wenn aus Spaß Ernst und aus Ernst Spaß wird.

Die Bedeutung der beiden im Zusammenhang mit der Studie über Witze als Instrument in der Supervision.

Wenn aus Spaß Ernst wird, dann kann es passieren, dass der Versuch, etwas lustig zu erklären, sich in sein Gegenteil verkehrt und die Tragik des Geschehens aufdeckt. Oft können Menschen vom Lachen ins Weinen kommen, wenn sie den tieferen Sinn einer Pointe erfasst haben.

Umgekehrt findet sich auch in jeder ernsten Situation ein Moment der Komik, das zu erkennen nicht immer ganz einfach ist. Bei jeder Erfahrung dieser Art können Menschen auch Positives und Humorvolles entdecken. Dabei können Witze als „Vermittler" zwischen Trauer und Glück erscheinen. Im Herausheben des tieferen Sinns einer Pointe kann es gelingen, diesen Schritt deutlich zu machen. Damit hat der Humor für die Arbeit in der Supervision einen wertvollen Dienst geleistet.

Nur wenn beide zusammenkommen, ergibt diese Arbeit einen Sinn. Beide helfen Menschen in Situationen, die sie nicht allein bewältigen können.

Der Sinn der Studie soll es sein, den Supervisoren Mut zu machen, diese „heilende Kraft" von Witzen in Anspruch zu nehmen, sie auszuprobieren und eigene Erfahrungen damit zu machen. Der Schatz ist groß, es geht darum, ihn zu heben.

I want morebooks!

Buy your books fast and straightforward online - at one of world's fastest growing online book stores! Environmentally sound due to Print-on-Demand technologies.

Buy your books online at
www.morebooks.shop

Kaufen Sie Ihre Bücher schnell und unkompliziert online – auf einer der am schnellsten wachsenden Buchhandelsplattformen weltweit! Dank Print-On-Demand umwelt- und ressourcenschonend produziert.

Bücher schneller online kaufen
www.morebooks.shop

info@omniscriptum.com
www.omniscriptum.com
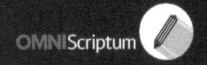

Printed by Books on Demand GmbH, Norderstedt / Germany